Coaching

Coaching é uma palavra em inglês que indica uma atividade de formação pessoal em que um instrutor (coach) ajuda o seu cliente (coachee) a evoluir em alguma área da sua vida.

O conceito de coaching surgiu nas universidades norte-americanas para definir um tutor particular. O coaching preparava os alunos para exames de determinada matéria. Com o tempo passou a ser usada também para se referir a um instrutor ou treinador de cantores, atletas ou atores. A palavra coaching vem da palavra inglesa "coach" e significa treinador. Esse treinador tem o objetivo de encorajar e motivar o seu cliente a atingir um objetivo, ensinando novas técnicas que facilitem seu aprendizado.

O termo coaching apareceu pela primeira vez na era medieval, com a figura do cocheiro, o homem que conduzia a carruagem (coche) para algum lado. Os cocheiros também eram especialistas em treinar os cavalos, para que estes puxassem os coches.

O trabalho de coaching inicia-se criando uma meta desejada pelo cliente, e essa meta pode abranger as mais diversas áreas e normalmente não existe um tempo determinado para esse objetivo ser atingido e tem o objetivo de ajudar profissionais de qualquer área a maximizar seu potencial e trazer mais resultados para sua empresa ou para o próprio desenvolvimento do seu trabalho.

COACHING Há diversas teorias sobre a origem do termo "coach" no contexto do desenvolvimento de pessoas, mas, em algum lugar da história, ele compartilha um ancestral comum com o verbo em inglês "coax", que significa PERSUADIR. O profissional de coaching atua como um ESTIMULADOR externo que desperta o potencial interno de outras pessoas, usando uma combinação de flexibilidade, insight, perseverança, estratégias, ferramentas pautadas em uma metodologia de eficácia comprovada e, então, o Coach (Profissional) acompanha seu Coachee (Cliente), demonstrando interesse genuíno (às vezes chamado de carisma) para APOIAR os seus clientes de Coaching (Coachees) a acessar seus recursos internos e externos e, com isso, melhorar seu desempenho.Além dessa definição, há outras interpretações sobre a função, o comportamento e as características de um coach. Dependendo das circunstâncias, é possível que o coach precise adotar estilos muito diferentes a fim de atender às necessidades de seus coachees. Entre os fatores que podem influenciar na abordagem de coaching estão a complexidade da meta, os riscos de erro na realização da tarefa, o nível inicial de disponibilidade para o coaching por partes dos integrantes da equipe, sua autoconfiança e capacitação para a tarefa e o nível de maturidade para a aprendizagem demonstrado pelo coachee (até que ponto ele se mostra capaz de cogerenciar o processo de coaching).

Ferramentas de Coaching – Estabelecendo objetivos e metas

Plano de ação Neste momento, você já sabe especificamente o que quer.

Esta ferramenta permite definir o que você realmente quer na sua vida, onde você quer

Grade de experiências Experiência é um termo utilizado com significações diversas, mas sempre relacionado com situações de aprendizagem.

Grade de insatisfação estamos sempre insatisfeitos com alguma coisa. Mesmo quando somos invejados.

Tirando proveito da insatisfação Use este exercício para identificar o que e como você está fazendo.

Linha da insatisfação e da satisfação,o que deu,o que não deu e o que já não dá mais.

Uma experiência Individual

O coaching é uma oportunidade única para se concentrar e avançar em seus objetivos pessoais, profissionais ou organizacionais através da exploração de idéias e diálogo sincero com um parceiro de pensamento confidencial e imparcial.

Existem inúmeras definições para Coaching, porque a experiência é tão individual como nós somos. Desafiamo-lo a contribuir sua própria definição, uma vez que você experimentou coaching para si mesmo. Se um treinador.

Treinadores são certificados em uma variedade de modelos de coaching, mas existem elementos comuns nos modelos.

Processo de coaching

identificar um tema ou questão: seu treinador irá ajudá-lo a definir o que você deseja realizar

explorar ideias: seu treinador sonda, desafiar, ouvir e questionar até que você desenvolveu uma visão clara e convincente e objetivo a se mover para

removendo barreiras: você e o seu treinador irão identificar as barreiras e descubra pontos de alavancagem

ação: o treinador irá ajudá-lo a desenvolver um plano de ação claro para avançar seus objetivos refinação e refletindo: seu treinador irá apoiar e motivá-lo através do processo para a consecução dos seus objetivos

Coaching para desenvolvimento

Treinador tem suas raízes no atletismo, onde treinadores ajudam atletas de elite aperfeiçoar seu desempenho. Coaching, mudou-se para a sala de reuniões executiva onde existentes e emergentes líderes alcançado resultados impressionantes, trabalhar com um treinador para aperfeiçoar o seu desenvolvimento, desempenho e capacidade de liderança.

Coaching evoluiu em duas categorias distintas: Coaching "Executivo", com foco em objetivos organizacionais e profissionais e Coaching "Pessoal", com foco no desenvolvimento pessoal e objetivos. UBC 1-em-1 oferece serviços de Coaching ambos.

Coaching para aprendizagem

Relatórios mostram que o treinamento aumenta a eficácia em 28% e treinamento seguido de coaching aumenta a eficácia de 88%. Acompanhamento de coaching ajuda a aplicar suas novas habilidades e ancorar a sua aprendizagem em situações da vida real que possam surgir no dia-a-dia.

Coaching produz resultados

O coaching é uma série de reuniões confidenciais mano a mano, focado em atingir o objetivo do cliente. Esse objetivo pode ser:

afinar uma habilidade

aceleração de aprendizagem

resolvendo um problema

desenvolver o desempenho de pico

planejamento estratégico

Criando a mudança ou a crescer com a mudança

trabalhando através de algo que você está preso na

identificando e ganhando clareza em seus objetivos

Clientes que têm trabalhado com um treinador e atingiu seus objetivos, continuem a usar um treinador sempre que eles querem trabalhar na nova meta. Não há correlação entre ser treinado e desenvolver maior habilidade Self treinar e empenhar-se em coaching conversas com os outros. Veja depoimentos de cliente para reações do cliente. Nosso estudo de pesquisa UBC mostra que:

o coaching é eficaz, independentemente de qual é o papel do cliente na organização (afiliação, classificação de trabalho e nível)

fornecer treinamento para os indivíduos em uma organização irá melhorar a satisfação de trabalho e desempenho individual e organizacional

Coaching de resultados / resultados terá um impacto de longo prazo da cultura e da liderança do UBC

O que é Coaching e Mentoring?

Tanto o coaching e mentoring são processos que permitem que os clientes individuais e corporativos para atingir seu pleno potencial.

Coaching e mentoring compartilham muitas semelhanças, então faz sentido para delinear as coisas comuns treinadores e mentores que se os serviços são oferecidos em um pago (profissional) ou papel (filantrópico) não pago.

Facilita a exploração das necessidades, motivações, desejos, habilidades e processos de pensamento para ajudar o indivíduo na tomada real, durante a mudança.

Uso de técnicas questionando para facilitar do cliente próprio pensamento processos em a fim de identificar soluções e ações ao invés de adota uma abordagem totalmente diretiva

Apoiar o cliente na definição de metas adequadas e métodos de avaliar os progressos em relação a esses objetivos

Observar, ouvir e fazer perguntas para entender a situação do cliente

Criativamente aplica ferramentas e técnicas que podem incluir um para um treinamento, facilitando, aconselhamento e redes.

Incentivar um compromisso com a ação e o desenvolvimento de crescimento pessoal duradouro para mudar.

Manter incondicional positiva para o cliente, o que significa que o treinador está em todos os momentos, solidário e não-julgamento do cliente, suas opiniões, estilo de vida e aspirações.

Garantir que os clientes desenvolvem competências pessoais e não desenvolvem dependências insalubres sobre o coaching ou relação de tutoria.

Avaliar os resultados do processo, usar o objectivo medidas sempre que possível para garantir o relacionamento é bem sucedido e o cliente está a alcançar seus objetivos pessoais.

Incentive os clientes continuamente melhorar competências e desenvolver novas alianças do desenvolvimento sempre que necessário para alcançar seus objetivos.

Trabalhar dentro da sua área de competência pessoal.

Possuem qualificações e experiência nas áreas que a transferência de habilidades de coaching é oferecido.

Gerencie a relação para garantir que o cliente recebe o nível de serviço adequado e que os programas são muito curto, nem muito longo.

Você provavelmente já ouviu pessoas falando sobre o treinamento no local de trabalho. Você poderia ter ainda recebido um treinamento no passado, ou você pode ter usado treinando para melhorar o desempenho de uma pessoa, mesmo se você não realmente descrevê-lo como "coaching" no momento.

Mas o que na verdade é coaching, e como você usá-lo? E quais habilidades você precisa ser um treinador eficaz?

Neste artigo, vamos examinar os princípios do coaching no local de trabalho. Nós vai esclarecer o que isso envolve e rever as principais abordagens que você pode usar para ser um treinador de sucesso. Nós também vai rever algumas situações onde coaching pode ser útil e veja alguns exemplos de perguntas de coaching.

Sobre o treinamento

O coaching é uma maneira útil de desenvolver competências e habilidades das pessoas e de aumentar o desempenho. Ele também pode ajudar a lidar com questões e desafios, antes que se tornem grandes problemas.

Uma sessão de coaching geralmente ocorrerá como uma conversa entre o treinador e o coachee (pessoa sendo treinado), e centra-se em ajudar o coachee a descobrir respostas para si. Afinal, as pessoas são muito mais propensas a se envolver com as soluções que eles chegaram a mesmos, ao invés de aqueles que são forçados em cima deles!

Em algumas organizações, coaching ainda é visto como uma ferramenta corretiva, usada apenas quando as coisas correram mal. Mas em muitas empresas, coaching é considerada uma abordagem positiva e comprovada para ajudar os outros a explorar seus objetivos e ambições e então alcançá-los.

Treinadores no local de trabalho não são conselheiros, psicoterapeutas, gurus, professores, instrutores ou consultores – embora eles podem usar algumas das mesmas habilidades e ferramentas.

Mais formal, profissional de coaching é realizado por pessoas qualificadas que trabalham com clientes para melhorar a sua eficácia e desempenho e ajudá-los a atingir seu pleno potencial. Treinadores podem ser alugados por orientandos, ou por suas organizações. Treinando nesta base funciona melhor quando todos entendem claramente o motivo para a contratação de um treinador, e quando eles conjuntamente definir as expectativas para o que eles querem alcançar através de coaching.

No entanto, gestores e líderes na organização podem ser tão eficazes como treinadores contratados externamente. Os gerentes não precisa ser treinado formalmente como treinadores. Desde que eles fiquem dentro do escopo do conjunto de habilidades e mantêm uma abordagem estruturada, podem agregar valor e ajudar a desenvolver as competências e habilidades do seu povo.

Coaching é a maior e melhor metodologia de desenvolvimento e capacitação humana existente na atualidade e a carreira que mais cresce no mundo.

Um tipo de coaching bastante procurado é o "coaching de liderança", uma qualidade cada vez mais valorizada. No coaching de liderança, o gestor procura orientar seu colaborador no seu desempenho, usando metas claras para criar alvos mensuráveis, além de reconhecer potenciais e desenvolver competências da sua equipe. Também envolve-se na aprendizagem da sua equipe, encaminhando e recebendo comunicações para resultados excelentes.

O coaching pessoal aborda, como o próprio nome indica, a área pessoal da vida de um indivíduo, como os seus relacionamentos pessoais. É por isso uma área muito abrangente, porque lida com vários tipos de interação do cliente com o seu meio envolvente.

Coaching profissional, empresarial e financeiro

O coaching profissional é o processo liderado por um profissional qualificado e que utiliza metodologias, técnicas e ferramentas do coaching para o benefício de uma empresa ou de um indivíduo, quer na sua área pessoal ou profissional. Este tipo de coaching é conhecido como "formal", este método é pago, e existe um contrato, sessões estruturadas e reuniões para ajudar e guiar os clientes.

O coaching empresarial é um tipo de coaching para empresários e tem o objetivo de ajudá-los, através de várias ferramentas e técnicas, a desenvolver capacidades e competências para se destacarem no mundo empresarial.

O coaching financeiro é um treinamento especial que pretende capacitar de forma a alcançar resultados financeiros na área pessoal e empresarial. O coaching financeiro dura em média 90 dias, e o profissional em questão menciona e medita sobre os seus hábitos financeiros para compreender o seu momento atual. Depois de fazer isso, ele define metas concretas e faz exercícios diários que o ajudam a cumprir o seu treinamento e alcançar as suas metas.

Coaching e Mentoring

Mentoring e coaching são duas atividades que estão relacionadas. Mentoring pode ser traduzido como "tutoria" ou "apadrinhamento". Neste caso, o mentor é um guia, um mestre, conselheiro, alguém que tem vasta experiência profissional no campo de trabalho da pessoa que está sendo ajudada. O mentoring inclui conversas e debates acercas de assuntos que não estão necessariamente ligados ao trabalho.

Ao contrário do que acontece no mentoring, no caso do coaching, o coach não precisa ter experiência na área de trabalho do cliente e em algumas áreas do coaching, o profissional pode mesmo não dar nenhum conselho ou soluções para problemas específicos relacionados com a carreira do cliente.

Gestão de recursos humanos do pessoal está preocupado com o uso eficaz das competências das pessoas. Eles podem ser vendedores em uma loja, funcionários em um escritório, operadores em uma fábrica, ou técnicos em um laboratório de pesquisa. Em um negócio, gestão de pessoas começa com o recrutamento e contratação de pessoas qualificadas e continua com dirigir e incentivar o seu crescimento como eles encontram problemas e tensões que surgem no trabalho em direção a metas estabelecidas.

A Gestão de RH é uma área de estudo que forma profissionais capacitados para gerenciar pessoas e lidar com todos os processos relacionados à gestão do quadro de funcionários de uma empresa.

O profissional de RH é encarregado de gerenciar planos de carreira; determinar a política salarial, remunerações, incentivos e benefícios; avaliar a necessidade de contratação de novos colaboradores; elaborar estratégias e planos operacionais para recrutamento e proporcionar a integração de novos funcionários dentro da organização.

O RH está envolvido direta ou indiretamente com o funcionamento de todas as áreas organizacionais, na medida em que atua como mediador entre os interesses dos profissionais e os da empresa. Por meio de análises profundas que consideram não somente o contexto pessoal, como o profissional em que cada colaborador se encontra, o departamento contribui para construção de planos de carreiras mais assertivos, desenvolvendo habilidades e competências de todos os envolvidos.

O principal diferencial da área de Recursos Humanos nas empresas é que ele proporciona um canal de comunicação aberto entre os funcionários e a companhia. Ele está sempre aberto a ouvir as necessidades e expectativas dos colaboradores quanto ao seu crescimento e desenvolvimento profissional.

Algumas empresas cometem o erro de confundir o RH com o departamento pessoal, enquanto a área deveria atuar estrategicamente para garantir a eficiência e melhoria dos processos. O papel desse setor contribui muito para o sucesso de qualquer organização, na medida em que mantém os funcionários motivados e satisfeitos. A área expande as possibilidades de todos e ainda mantém um bom clima organizacional, influenciando diretamente na obtenção de resultados cada vez melhores.

Investir no Recursos Humanos, ainda, é uma forma de descobrir e reter os talentos na organização de forma mais assertiva, porque a área considera as competências estratégicas essenciais para os negócios. Além disso, o setor é responsável por analisar o desempenho e desenvolvimento dos colaboradores e utilizar os dados obtidos para fazer o planejamento dos próximos meses ou anos.

É a área de recursos humanos que insere programas para proporcionar mais qualidade de vida no trabalho, organizando ações de capacitação, políticas de incentivo financeiro e bem-estar em geral. O setor cumpre um papel fundamental na criação de oportunidades, portanto, deve ser visto com um investimento indispensável para o sucesso de qualquer empresa.

Seleção de profissionais com o perfil da empresa

Os colaboradores que trabalham no RH (ou cumprem tal função, no caso de pequenas empresas) de fato cuidam da parte operacional relacionada a entrevistas de emprego e possuem os conhecimentos necessários para identificar novos talentos para sua empresa. Nesse sentido, eles analisam perfis, comparam os currículos e as habilitações dos candidatos e selecionam os melhores funcionários para integrar os quadros da firma.

É frequente que o RH se encarregue ainda de levar críticas, propostas e elogios movidos pelos funcionários, sobretudo aqueles provenientes das operações de base nas grandes organizações, para o conhecimento dos chefes de setor ou do administrador geral. Pode-se contar com o RH também para responsabilizar-se de toda a papelada administrativa pertinente ao desligamento de funcionários da empresa.

Análise do desempenho dos funcionários

As políticas de recursos humanos precisam acompanhar e desempenhar as estratégias, o desenvolvimento e as metas que a empresa possui. Assim, os colaboradores do setor devem estar sempre atentos para os estudos, a atualização e as ferramentas que surgem com as novas tecnologias, a fim de aperfeiçoarem cada vez mais os instrumentos de controle, análise de dados e planejamento.

Mas, além disso, o setor cuida de diversas outras atividades que lidam diretamente com as capacidades ligadas aos grupos de colaboradores existentes. Por exemplo, um RH competente conseguirá, dentro das possibilidades da empresa, elaborar um programa de remuneração de forma estratégica, com o intuito de reter os talentos. Ainda nessa questão, poderá ser também preparado um programa de benefícios, contando com planos de saúde, vale alimentação, seguros diversos, entre outras formas de fazer com que o funcionário se sinta bem, mais produtivo e estimulado para permanecer trabalhando para você.

Além do recrutamento e contratação, algumas das responsabilidades de um gerente de pessoal são:

1. para classificar trabalhos e preparar escalas salariais e salário.

2. para aconselhar os funcionários.

3. para lidar com problemas disciplinares.

4. para negociar com sindicatos e União contratos de serviço.

5. para desenvolver as práticas e normas de segurança.

6. para gerenciar programas de benefícios, tais como o grupo seguro de saúde e planos de aposentadoria.

7. para fornecer avaliações periódicas do desempenho de cada funcionário individual e para o reconhecimento de seus pontos fortes e necessidades para o desenvolvimento.

8. para ajudar as pessoas em seus esforços para desenvolver e qualificar-se para trabalhos mais avançados.

9. para planejar e supervisionar programas de treinamento.

10. para acompanhar a evolução em gestão de pessoas.

Para entender o pessoal do gerente pense como você lidaria com os seguintes exemplos de situações desafiadoras do empregado:

Funcionários da empresa - especialmente os mais qualificados - podem obter comparáveis, se não melhores empregos com outros empregadores.

Quando uma empresa enfrenta uma escassez de pessoal especializado e supervisão com experiência adequada e capacidades de trabalho, tem que treinar e desenvolver o seu próprio povo. Isso pode ser demorado e caro.

O custo de contratação e capacitação dos colaboradores em todos os níveis está aumentando, por exemplo, vários milhares de dólares para um vendedor. Um erro na contratação ou no lentos e ineficientes métodos de treinamento pode ser dispendioso.

Gerentes de pessoal devem cumprir a lei por empregando, formação e promoção de mulheres e pessoas de grupos minoritários. O problema em fazer, então, é que muitos destes funcionários não tiveram uma experiência adequada e educação no passado.

A maioria dos funcionários, representado por sindicatos, ou não continuar a buscar melhorias nas condições de trabalho, compensação direta e benefícios dos empregados. Todos os compromissos devem basear-se que a empresa pode pagar, cumprir as práticas atuais de outros empregadores e ser compreendida e aceito pelo empregado. Para fazer isso, todo empregado políticas e procedimentos operacionais devem ser desenvolvidos e negociados com muito cuidado.

Alguns funcionários não podem executar satisfatoriamente simplesmente porque a sua empresa oferece remuneração competitiva, benefícios e condições de trabalho. Além dessas compensações financeiras ou físicas, querem responsabilidade, a oportunidade de desenvolver e reconhecimento de realização em seus empregos.

O Treinamento e Desenvolvimento na Empresa

O departamento de Recursos Humanos de uma empresa deve ter destaque porque cabe a este, o papel fundamental dentro da organização de administrar, planejar, recrutar e selecionar pessoas, e principalmente treinar , objetivando o desenvolvimento das competências individuais e coletivas. Nesse caso, o treinamento deve ser voltado para a eficiência das pessoas no desempenho de suas atribuições. Atualmente é tido como peça-chave no processo de desenvolvimento organizacional.

Mas, para que o treinamento possa levar ao desenvolvimento organizacional , é necessário que o planejamento do mesmo seja bem elaborado para garantir o alcance dos objetivos a que se destina, com eficácia.

CHIAVENATO (2002) define o treinamento como sendo o processo educacional de curto prazo, aplicado de maneira sistemática e organizada.

MILKOVICH e BOUDREAU (2000) relatam o desenvolvimento como o processo de treinamento em longo prazo para aperfeiçoamento das habilidades e aptidões pessoais e profissionais.

SLACK (1997, p. 667), afirma que:

" Não é coincidência que muitos programas bem sucedidos têm um gerente de treinamento como um dos principais impulsionadores. TQM é, pelo menos, em parte, uma mudança de atitude, de maneira que a tarefa de desenvolvimento é fundamental. "

Quanto ao planejamento do treinamento, para CHIAVENATO (2002) este é uma decorrência do diagnóstico das necessidades e que geralmente os recursos colocados à disposição, estão relacionados com a problemática diagnosticada .

MILKOVICH e BOUDREAU (2000) destacam ainda que um sistema eficaz e constante de planejamento e avaliação do treinamento é essencial para assegurar o retorno adequado do investimento realizado.

1.2 Fatores Determinantes no Processo de Treinamento

De acordo com CHIAVENATO (2002) para que um treinamento possa atender ao objetivo de forma adequada e eficaz é necessário enfatizar o conteúdo e os objetivos.

O Conteúdo do treinamento deve envolver :

Transmissão de Informações

Desenvolvimento de Aptidões

Desenvolvimento ou modificação de comportamentos e atitudes

Desenvolvimento de conceitos

Objetivos do Treinamento precisam estar claros e com a finalidade de obter os seguintes resultados :

Tornar os indivíduos aptos

Servir de ligação a um contínuo desenvolvimento

Transformar ações e atitudes

Etapas do Processo de Treinamento

É necessário planejar e seguir todas as etapas da forma apresentada abaixo, pois apenas dessa forma, os resultados esperados poderão ser atingidos. As etapas na ordem de execução devem ser:

Levantamento de Necessidades

Programação de Treinamento

Implementação e Execução

Avaliação dos Resultados

1.4 Treinamento e Ensino a Distância

CHIAVENATO (2002) relata que o ensino à distância está crescendo a ritmo acelerado, esse fato deve-se ao uso das novas tecnologias, como a internet, por exemplo, que possibilitou novas perspectivas na educação.

Nesse aspecto podemos observar que muitas empresas utilizam-se dessa modalidade em seus processos, principalmente com o advento da educação a distância (EAD). Hoje já é possível para empresas formar parcerias com universidades permitindo aos seus colaboradores uma formação, inclusive superior, no próprio local de trabalho.

De maneira geral, como as empresas brasileiras se comportam em relação à gestão de pessoas? Qual sua importância?

A gestão de pessoas vem passando por um profundo processo de transformação. O sistema utilizado até a década de 90, focado em cargos e remuneração, tem se mostrado cada vez mais ineficiente. Hoje, as organizações valorizam seu capital intelectual. A qualidade de vida está na cultura da empresa, que se preocupa em proporcionar um ambiente de trabalho adequado e agradável. Isso acontece não apenas nas grandes, mas também nas de médio porte. A gestão de pessoas se baseia no fato de que o desempenho de uma organização depende da contribuição de quem nela trabalha e da forma como a equipe se organiza, é estimulada e capacitada.

É necessário ter líderes competentes e que gostem de pessoas. O gestor precisa ter perfil de liderança, não pode mais se comportar como chefe. O bom líder tem seguidores e parceiros e deve saber quem é cada um da equipe. O processo exige que o trabalho da liderança e os resultados sejam acompanhados de perto. Os fatores que motivam uma pessoa a se comprometer com a organização devem ser conhecidos pelo líder. Ele ajuda a identificar o que impede ou ajuda na busca pela qualidade e a estabelecer ações gerenciais que ajudem a solucionar os entraves.

A remuneração é importante, mas não é tudo. Atualmente, a oportunidade de desenvolvimento e de adquirir conhecimento é mais valorizada. O colaborador cobra uma chance de crescimento e o reconhecimento pela performance. As empresas precisam entender que desenvolvimento profissional é uma forma de reter talentos. Se a organização estimula a capacidade, gera valor e faz com que o funcionário tenha um desempenho melhor e trabalhe mais estimulado.

É preciso entender o que motiva as pessoas, o que faz com que ⊠vistam a camisa⊠. Existem várias ferramentas que podem ser usadas para identificar isso, como pesquisa de clima e diagnóstico de ambiente. Elas permitem identificar se a empresa é adequada para se trabalhar e se existe algum processo que precisa ser aprimorado. Quando você faz esse desenho e identifica os problemas, fica mais fácil desenvolver ações para solucioná-los.

 A empresa precisa ter a visão de que o capital humano é seu grande diferencial. Ele deve ser considerado um sinônimo de crescimento e vantagem competitiva. Não se pode falar em sucesso sem que sejam adotadas políticas e práticas avançadas. É preciso inovar sempre. A satisfação dos clientes é consequência da qualidade dos produtos e serviços de uma empresa. E essa qualidade só pode ser alcançada se os colaboradores estiverem motivados.

Para ter sucesso, é preciso ter em mente que as pessoas têm valores, e as empresas têm cultura. É preciso fazer com que os colaboradores incorporem essa cultura a seus valores. Quando isso não acontece, o funcionário deixa de ser interessante para a empresa e vice-versa

Para Chelotti, o sistema focado em cargos e remuneração é cada faz mais ineficiente.

Coaching de sucesso

Um ambiente confiável para fazer autodescobertas.

Aumente a consciência dos seus interesses e habilidades.

Aumente a consciência das decisões que promovam o sucesso e a consecução do objetivo.

Aumente a consciência das decisões que impedem a realização do objetivo e sucesso.

Abertura para novas possibilidades e opções que podem resultar em sucesso e realização do objetivo.

Todo mundo tem sua própria definição de sucesso, mas as pessoas que se intitulam coaches de sucesso foco em objetivos..--empresarial, acadêmico e profissional. Vida de treinador, por outro lado, é uma categoria ampla, dentro do qual o coaching de sucesso é um foco. Enquanto os treinadores podem variar amplamente de seus estilos e abordagens, as diferenças entre sucesso coaching e coaching de vida, de um modo geral, são poucos. Treinadores certificados de muitas especialidades podem ajudar os clientes a trazer o melhor de si para alcançar objetivos e criar a mudança saudável.

Dicas de orientação corporativas: 7 hábitos de mentores altamente bem sucedidos e Mentores

Use estes 7 hábitos dos altamente bem sucedidos mentores e Mentores para identificar os candidatos perfeitos em sua organização para seu programa de mentoring existente ou para mostrar a alta gerência que você tem a combinação certa de pessoas para iniciar um programa.

1. ativos ouvintes. Escuta ativa requer energia. As pessoas que ouvem ativamente não simplesmente sentar e permitir palavras bater seus tímpanos. Eles sentam direito. Eles tomam notas. Eles fazem perguntas. Eles repetir ou "espelham volta", para garantir que eles já entendi corretamente o que eles ouviram. Os ouvintes ativos são aqueles que fornecem gestos não verbais (por exemplo, contato visual, com cabeça saltitante, etc) que indicam que eles estão seguindo (ou não) o que está dizendo.

Porque é que este hábito é importante? Mentores e mentores gastam muito de seu relacionamento, falar e ouvir um ao outro. Escuta ativa é crítica para ambas as partes.

2. dedicado ao seu sucesso. Não estou a sugerir que as pessoas devem ter uma visão míope e dedicam-se apenas seu próprio sucesso. O que estou dizendo é que as pessoas que têm orgulho no seu trabalho, que querem crescer, e que realmente se preocupam com sua trajetória de carreira são ativos por causa de suas altas expectativas.

Porque é que este hábito é importante? É lógico que as pessoas que se dedicam ao seu próprio sucesso de carreira vão querer aproveitar ao máximo sua participação no programa de orientação empresarial. Os mestres e mentores mais eficazes são as pessoas que se dedicam à ideia de fazer seu trabalho de relacionamento.

3. dedicada ao sucesso dos outros. Eu coloquei os hábitos de "sucesso" de costas para que fique claro que eles trabalham em conjunto. As pessoas mais bem sucedidas (e felizes) na vida não são nele só para eles. Eles se preocupam com a organização e as pessoas dentro da organização e têm um desejo

genuíno de ver tudo e ter sucesso: a empresa, os funcionários e o programa de mentoring como um todo.

Porque é que este hábito é importante? Pessoas que percebem que "não é tudo sobre mim" estão muito mais dispostas a fazer um verdadeiro investimento na relação de tutoria.

4. curioso. Pessoas que são naturalmente curiosas tendem a seguir a filosofia de "se há vontade, há um caminho". Se não sabem a resposta, ou se precisam de ajuda com alguma coisa, eles não vou sentar e esperar; Vou procurar as respostas.

Porque é que este hábito é importante? Descobri que os tipos"curiosos" são os que vou ter o tempo para ler artigos sobre as melhores práticas de tutoria, escute tutoriais e procurar ajuda de gerentes de programa, todos que ajudam na tomada de uma relação bem sucedida de mentoring.

5. novo com seu entorno. Essas pessoas ver seu trabalho como apenas mais um trabalho. Eles mostram interesse na indústria, no mundo em torno deles, na obra de outros departamentos estão fazendo, e nos eventos beneficentes associaram com sua empresa.

Porque é que este hábito é importante? Tendo uma visão da "big picture" do mundo permite que as pessoas vejam como o sucesso de sua relação de mentoring afeta mais do que apenas as duas pessoas na relação.

6. dispostos a sair de suas zonas de conforto. Essas pessoas estão dispostas a experimentar coisas novas, considerar novos pensamentos e pensar fora da caixa proverbial por uma questão de crescimento pessoal e profissional.

Porque é que este hábito é importante? Mentores em perspectiva e mentores que estão dispostos a experimentar algo novo e dar-lhe um "ir" terá a melhor chance de colhendo o máximo de benefícios da relação de mentoring.

7. responsável, respeitoso e pronto. Pessoas que são responsáveis, respeitosos e prontos para começar a trabalhar com novos projetos ajudam a tornar o trabalho quotidiano experiência uma melhor, não só por si, mas também para todos ao seu redor.

Porque é que este hábito é importante? Sendo um mentor ou aprendiz requer diligência..--você precisa comprometer-se a realização de reuniões periódicas (e realmente conhecer), gráfico de progresso e aprender a navegar de um novo relacionamento (e todos os altos e baixos) com altivez.

São ali qualquer outro importante "hábitos" que você observou de seu envolvimento em orientação empresarial?

A liderança é um comportamento aprendido que se torna inconsciente e automática, ao longo do tempo. Por exemplo, os líderes podem fazer várias decisões importantes sobre um problema no tempo que leva os outros a entender a questão. Muitas pessoas se perguntam como líderes sabem como fazer as melhores decisões, muitas vezes sob imensa pressão. O processo de tomar estas decisões vem de uma acumulação de experiências e encontros com uma infinidade de circunstâncias de diferença, tipos de personalidade e falhas imprevistas. Mais ainda, a decisão de processo de vinificação é uma compreensão aguda de estar familiarizado com a causa e o efeito dos padrões comportamentais e circunstanciais; saber que os pontos de inteligência e a interligação das variáveis envolvidas nesses padrões permite que um líder para confiantemente tomar decisões e a probabilidade de seus resultados pretendidos do projeto. Os mais bem sucedidos líderes são tomadores de decisão instintiva. Tendo feito isso tantas vezes ao longo de suas carreiras, tornam-se imunes à pressão associada com a tomada de decisão e extremamente intuitivo sobre o processo de tomada de decisões mais estratégicas e melhores. Eis porque os executivos mais sênior irão dizer-lhe que eles dependem fortemente sua "intuição-sensação" quando tomar decisões difíceis a um momento.

Além da tomada de decisão, liderança de sucesso através de todas as áreas torna-se instintivo e aprendido durante um período de tempo. Líderes bem sucedidos aprenderam a maestria de antecipar padrões de negócios, encontrar oportunidades em situações de pressão, servindo as pessoas levam e superar dificuldades. Não admira que os melhores CEOs são pagos tanto dinheiro. Em 2011, os salários para os 200 top-pagos CEOs subiu 5% para uma média de US $ 14,5 milhões por ano, de acordo com um estudo realizado pela empresa de compensação Equilar para o New York Times.

Muitas vezes os líderes intimidar seus colegas com seu título e poder quando eles entram numa sala. Líderes bem sucedidos desviar a atenção longe de si mesmos e encorajar os outros a expressar suas opiniões. Eles são especialistas em fazer os outros sentir-se seguro de falar-se e com confiança, compartilhar seus pontos de vista e perspectivas. Eles usam sua presença executiva para criar um ambiente acessível.

Líderes de sucesso são tomadores de decisão do perito. Eles também facilitam o diálogo para capacitar seus colegas para chegar a uma conclusão estratégica ou fazem-se. Eles se concentram em "fazer as coisas acontecerem" em atividades de tomada de decisão de todos os tempos – que sustentam o progresso. Líderes de sucesso têm dominado a arte de politicagem e assim não perdem tempo em questões que perturbam o impulso. Eles sabem como fazer decisões de 30 em 30 minutos.

Líderes de sucesso são grandes comunicadores e isto é especialmente verdadeiro quando se trata de "expectativas de desempenho." Ao fazê-lo, lembram-se com seus colegas de valores fundamentais da organização e a declaração de missão – garantindo que sua visão é traduzida corretamente e acionáveis objetivos são executados corretamente.

Os mais bem sucedidos líderes entendem colegas mentalidades, recursos e áreas de melhoria. Eles usam este conhecimento/discernimento para desafiar suas equipes para pensar e esticá-los para alcançar mais. Esses tipos de líderes destacam-se em manter as pessoas em seus dedos, nunca permitindo que eles ficassem confortáveis e permitindo-lhes as ferramentas para crescer.

ser responsáveis perante os outros

Líderes bem sucedidos permitem que seus colegas para gerenciá-los. Isto não significa que eles estão permitindo que outros para controlá-los – mas prefiro a tornar-se responsável assegurar que eles estão sendo proativos aos seus colegas precisa.

Tutoria e patrocinar funcionários selecionados, sendo responsável perante os outros é um sinal de que seu líder é focado .

Os executivos também devem ser reciclados!

Ao contrário do que muitos imaginam, não são apenas as linhas de produção ou funcionários com atividades mais operacionais que passam por treinamentos. Os executivos e colaboradores de alta gestão também devem fazem uso dessas ferramentas para se manterem atualizados.

Segundo Gilberto Katayama, diretor da empresa Sonho S/A, especializada em desenvolvimento de lideranças, uma organização funciona como uma pirâmide, e deve ser bem estruturada desde a base até o topo, pois só assim a empresa estará alinhada e terá conhecimento para implementar o que for passado durante os treinamentos. "Tudo começa no alto dirigente, se um projeto de treinamento não envolver a alta direção, ele acaba se perdendo e criando apenas confusão e conflitos em toda a estrutura", define.

"Hoje, todos os profissionais independentemente do nível, precisam se atualizar, mas obviamente que quanto maior o nível hierárquico, diferente o nível de formação que ele vai ter", argumenta Carlos. "O mais importante é que eles não dependam apenas das empresas para investir em treinamento, e que busquem formas de se especializar por conta própria".

Além dos benefícios internos, os treinamentos também possuem forte influência na imagem institucional das organizações. Empresas bem estruturadas, com um ambiente de trabalho agradável e equipes qualificadas são vistas de forma positiva no mercado e ganham vantagem em relação a outras menos preparadas.

"A empresa constrói um clima organizacional saudável, exercitando excelência profissional, reconhecimento e recompensa. E além de ter um clima onde todos gostariam de pertencer; por meio dos conhecimentos passados, a empresa consegue alta produtividade e criatividade", enfatiza Gilberto. "A organização se transforma num polo de atração, retenção e desenvolvimento de pessoas com talento, dessa forma não tem como não ser um destaque".

necessidades, para construir equipes preparadas e atualizadas.

Para Carlos Cruz, Coach Executivo, apesar do principal objetivo dos treinamentos ser a lucratividade da empresa, eles também acabam contribuindo para a vida profissional e pessoal do colaborador. "É comum que as organizações invistam tanto em treinamentos técnicos como comportamentais, já que têm metas estratégicas a serem alcançadas. Essas metas normalmente estão relacionadas ao faturamento ou crescimento do marketing share", explica. "Os treinamentos também ajudam as pessoas a discutir problemas do negócio para criar melhorias; sendo assim, os benefícios são inúmeros, entre eles o desenvolvimento profissional e pessoal dos trabalhadores".

Fazer uma apresentação dinâmica ou passar as informações de forma simples e compreensiva pode não ser suficiente para atrair o interesse dos ouvintes. Um treinamento mais personalizado e focado nas reais necessidades de cada equipe, ou de cada profissional, é a melhor forma de fazer o investimento valer a pena. Para Edna Bedani, gerente de desenvolvimento de Recursos Humanos da Ticket, o funcionário deve ter um envolvimento com o assunto que for abordado, pois apenas dessa forma conseguirá se identificar com o conteúdo e aplicá-lo na sua rotina de trabalho.

Para terem sucesso, as organizações precisam de pessoas espertas, ágeis, empreendedoras e dispostas ... treinar e desenvolver pessoas vêm se tornando cada vez mais vitais para as empresas.

As pessoas são, sem dúvida, a parte mais importante de uma empresa, pois são elas que vão representar a empresa para os clientes. Afinal, não são as Empresas que fazem negócios com os Clientes, são as Pessoas que fazem negócios com as Pessoas.

É importante destacar que a ausência de programas de aperfeiçoamento pode gerar prejuízos para a corporação, já que o exercício da função apenas por meio das experiências do dia a dia implica na prática de tentativa e erro até o alcance do resultado esperado. Logo, pode-se afirmar que promover treinamento é benéfico de diversas maneiras: poupa tempo e agiliza ações ao otimizar o trabalho, aumenta a produtividade e melhora significativamente a comunicação entre os setores.

A qualificação dos colaboradores e funcionários de uma empresa envolve tanto os profissionais que exercem os cargos da diretoria, gerência e supervisão, como também os funcionários da área de atendimento, e até de limpeza. O Treinamento de deles, na maioria das vezes, é um serviço terceirizado prestado por uma consultora especializada em treinar pessoas. (http://www.contabilidadedf.com.br/treinamento-e-capacitacao/)

O sucesso de um negócio depende do espaço físico, capacidade tecnológica, capital empregado e a capacidade do seu pessoal. Quanto mais avançada é a tecnologia investida na empresa, maior será a importância de capacitar os colaboradores que irão trabalhar com a essa tecnologia.

Para crescer profissionalmente e economicamente, é necessário que o homem aumente suas habilidades, capacidade intelectual e técnicas de trabalho. Esse processo de treinamento visa esses objetivos.

O treinamento nas organizações serve para aliar gestores e colaboradores aos procedimentos da empresa, ao mesmo tempo em que desenvolve suas habilidades. Por isso, a prática deve ser considerada um investimento, e não um custo para as organizações.

Vantagens para o funcionário

O desenvolvimento pessoal vem acompanhado de motivação e disposição, ingredientes imprescindíveis para uma carreira profissional bem-sucedida. Nesse contexto, a prática de treinamento independe do currículo dos profissionais que compõe o quadro da instituição. Mesmo aqueles que possuem muitas qualificações precisam passar por uma capacitação direcionada para as normas da gerência. Portanto, todos devem participar, do iniciante ao mais experiente.

O aprimoramento serve ainda para que a liderança possa multiplicar os seus próprios conhecimentos em busca de um bem comum, desenvolvendo novas competências e relacionamentos interpessoais proveitosos. Assim, haverá mais profissionais preparados que conheçam bem a empresa e, consequentemente, mais chances de promoções dentro da própria unidade, minimizando a necessidade de recrutamento externo.

Treinamento e desenvolvimento transformam Valor Agregado Potencial em Valor Agregado Realizado. Isto ocorre por meio da melhoria da execução dos processos, qualidade, produtividade, soluções de problemas e inovação.

São as pessoas que fazem os conceitos, projetos e processos tornarem-se resultados, e para isso acontecer, é imprescindível o treinamento e o desenvolvimento destas pessoas.

Gente fazendo o que deve ser feito, da melhor forma possível, otimizando o tempo, informação e recursos materiais para entregar o melhor resultado possível do ponto de vista do cliente e da empresa.

Mudanças eficazes de comportamento também contribuem para melhorar o desempenho, promover a integração de equipes e aumentar a produtividade. E isso exige mudança de atitude e de postura por parte de cada profissional.

O profissional de RH como o diferencial para o sucesso das empresas

A matéria a seguir foi publicada pelo Portal Administradores em 10 de junho de 2012 e mostra a importância de um profissional qualificado da área de RH para o sucesso das organizações. Confira:

Em um contexto de forte crescimento econômico que geram enormes perspectivas para o futuro, as empresas começam a entender que mais importante que ter bons profissionais é cuidar desses, e principalmente manter os mesmos para que possam se tornar cada vez mais competitivas no mercado.

O capital intelectual é cada vez mais valorizado nas corporações, seja micro, pequenas ou grandes. Sendo o "profissional chave" para conseguir este sucesso, o Analista em Recursos Humanos, hoje mais conhecido como Gestor de Pessoas.

Valores, cultura empresarial, produtividade, profissionais qualificados, resultados, lucros, desempenho, satisfação, esses são apenas alguns dos aspectos que todo gestor busca para alcançar o sucesso de seus negócios.

As empresas não crescem sozinhas, elas são feitas por pessoas. São seus colaboradores que estão por trás de todo bom resultado. Por isso é tão importante investir na chamada Gestão de Pessoas.

Este departamento é responsável por administrar e comandar profissionais dentro das organizações. É ele quem dissemina a cultura da empresa, implementa processos internos e benefícios, promove o desenvolvimento e aprimoramento profissional, dá suporte para que os colaboradores executem suas atividades com excelência, resolve conflitos, propõem e elabora mudanças, retém novos talentos, supervisiona comportamentos, avalia desempenho, planeja e controla cargos e salários etc.

É fundamental que as organizações pensem e invistam em seus profissionais proporcionando um ambiente de trabalho tranquilo, oferecendo capacitação e oportunidade de desenvolvimento, estimulando a motivação e o bem-estar para que, assim, todos trabalhem com mais afinco e proporcionem maiores resultados.

Desenvolva resistência a críticas

Você vai, inevitavelmente, trabalhar em uma empresa que pensa que o setor de Recursos Humanos não serve para nada.

Curiosidade intelectual é a chave para progredir em Recursos Humanos. Como tal, você precisa sair e aprender algo complementar ao RH. Gerenciamento de projetos, por exemplo.

cursosabeline.com.br/soraiaguerreiro1f04f Cursos grátis para uma melhor compreensão do assunto.Veja também Gestão de Pessoas e Recursos Humanos e para quem quer se aprofundar no assunto Psicologia Empresarial.

Inovação é uma nova ideia implementada com sucesso que produz resultados econômicos". Esta definição é de Ernest Gundling da 3M. Dá para contestar uma definição tão explícita? E quem ousaria, já que a 3M é tida como uma das empresas mais criativas do planeta?

Gundling deixa claro como a inovação é uma das principais armas para garantir a competitividade das empresas. Vejo aí uma grande oportunidade para o RH, já que há muitos aspectos de gestão de pessoas envolvidos quando o item em pauta é a inovação.

O RH tem um papel fundamental na criação e manutenção de um ambiente que favorece a criatividade.

o RH exerce um papel muito maior: ampliar espaços para que as pessoas tenham como germinar as ideias que trarão lucratividade.

Gestão Estratégica de RH

Estruturar a área de gestão de pessoas para uma contribuição efetiva na construção de uma organização de sucesso é o papel da consultoria no desenvolvimento destes produtos:

Definição de Políticas de Gestão de Pessoas

Planejamento Estratégico de Recursos Humanos

Dimensionamento do Quadro de Pessoal

Construção de indicadores de recursos humanos

Definição da Estrutura Organizacional

Mapeamento e redesenho dos processos da área de RH

O Coaching é realmente uma metodologia revolucionária! O grande número de cases de sucesso é surpreendente.Concluindo coaching nada mais é que uma mistura de gestão de pessoas,gestão de projetos,gestão estratégica,gestão de competência,gestão de qualidade,gestão empresarial e RH,ainda podemos incluir para melhor desempenho a psicologia empresarial.

A Gestão Estratégica Orientada para Resultados transforma intenções estratégicas em resultados concretos. Agrega recursos e competências à carteira de projetos e, com o gerenciamento e monitoramento em tempo real, acelera a execução das ações e "faz acontecer" os resultados pactuados. A avaliação sistemática amplia a aprendizagem organizacional e a comunicação de resultados.

As demandas intensas da sociedade e dos acionistas por resultados desafiam cada vez mais os gestores das organizações públicas e privadas. Definir e priorizar as iniciativas mais relevantes, mobilizar recursos e competências essenciais e fazer acontecer os projetos estratégicos são requisitos essenciais para ampliar substancialmente a capacidade de produzir, medir e demonstrar resultados.Daí a necessidade de estudar Gestão de Projetos.

Menor custo e melhor resultado é a base de gerenciamento de processo.

gestão de qualidade é uma estratégia empresarial, bastante difundida, que visa associar qualidade a todas as etapas e processos de uma empresa ou organização. A gestão de qualidade não só apenas afeta a gestão da empresa, mas também os fornecedores e todos aqueles que trabalharem junto à empresa.

A gestão de qualidade objetiva aumentar a satisfação dos clientes com o produto, ter uma melhor eficiência de produção, reduzir os custos, formar um sistema que facilite buscar novos mercados e novas parcerias com outras empresas.

Princípios da gestão de qualidade

A gestão de qualidade total, como às vezes é chamada, tem alguns princípios básicos, listados abaixo:

Qualidade é algo que pode e deve ser gerenciada;

Problemas devem ser prevenidos, não remediados;

Processos e não pessoas são os frutos dos problemas;

Todo mundo tem um fornecedor e um cliente;

Cada empregado da empresa é responsável por manter a qualidade;

A qualidade precisa ser medida;

A melhora da qualidade precisa ser contínua;

Objetivos são baseados em necessidades, não são negociados;

O padrão de qualidade é livre de defeitos;

Planejar e organizar para melhorar a qualidade;

O gerenciamento deve liderar e estar envolvido diariamente no processo.

Gestão Estratégica implica:

Ter do negócio uma visão generalista, ou seja, não transformar nunca as metas de uma determinada área funcional nos objetivos do negócio. Metas estratégicas são mutáveis

Ser comprometido e envolvido.

Ser dominado pela prática. Não é proibido teorizar, fazer planos ou criar modelos, mas ao final se é julgado pelos resultados que a empresa produzir.

Não se limitar ao quotidiano, buscar ampliar o horizonte temporal. O futuro é incerto.

Preocupar-se com o portfolio ou carteira de produtos, serviços e mercados da empresa. Com o ciclo de vida de produtos e serviços encurtando cada vez mais, não é possível deixar de rever carteiras com grande freqüência.

Rever carteiras envolve a possibilidade de eliminar produtos, serviços e mercados, vendendo ativos e, portanto, desinvestindo.

Repensar a estrutura organizacional e os processos administrativos.

Coaching de sucesso- Estes pilares são: dados, informações, experiência e conhecimento.

SLACK, Nigel et al. Administração da Produção. São Paulo: Atlas,1997

CHIAVENATO, I. Recursos Humanos. 7ª ed, São Paulo Atlas, 2002

MILKOVICH, George T.; BOUDREAU, John W. Administração de Recursos Humanos. São Paulo: Atlas, 2000.

http://www.fnq.org.br/informe-se/artigos-e-entrevistas/entrevistas/gestao-de-pessoas-e-importante-ferramenta-para-o-sucesso

O crescimento e a estabilidade econômica americana - Robert J. Samuelson - Exame ed.609 p.85

Terceirização

A cultura regressista do brasileiro e o caso da fábrica de caminhões da Volks em Resende - Mário de Almeida - Exame ed.623 p.30

Diversificação

Reestruturação da empresa - Cláudia Vassalo - Exame ed.625 p.48-49

Grupo empresarial profissionaliza sua administração - Andrea Assef - Exame ed.608 p.54-56

Estratégia e futuro:

HAMEL, Gary - "Strategy as Revolution" in Harvard Business Review, jul-aug 1996

Uma forma diferente de se pensar em estratégia:

MINTZBERG, Henry - "A criação artesanal da estratégia" in MONTGOMERY, C.A. & PORTER, M.,

Estratégia: a busca da vantagem competitiva R.J., Campus, 1998